엉뚱한 세계사 고대이집트

파라오의 뇌를 꺼냈다고?

팀 쿡 글 | 이계순 옮김

팀 쿡 글
영국 옥스퍼드 대학을 졸업하고, 25년 이상 다양한 주제로 수십 권이 넘는 논픽션 도서를 써 온 작가이자 편집자예요. 미국 독립 혁명과 남북 전쟁, 제1·2차 세계 대전, 베트남 전쟁 같은 전쟁의 역사와 고대와 현대 역사뿐만 아니라, 과학 분야를 다룬 글을 쓰기도 했어요. 주요 도서로는 《발명의 역사》 등이 있습니다.

이계순 옮김
서울대학교 간호학과를 졸업한 뒤, 어린이·청소년책 전문 번역가로 활동하고 있어요. 번역한 책으로는 《그날이야》, 《지키지 말아야 할 비밀》, 《달에서 생일 파티를 한다면?》, 《유령》, 《안전한 불 위험한 불》, 《아낌없이 주는 도서관》, 《나는 용감한 리더입니다》, 《나는 빛나는 예술가입니다》 그리고 〈공룡 나라 친구들〉 시리즈 등이 있습니다.

엉뚱한 세계사 _ 고대 이집트
파라오의 뇌를 꺼냈다고?

초판 1쇄 발행 2023년 3월 30일
글쓴이 팀 쿡 | **옮긴이** 이계순
펴낸이 홍석 | **이사** 홍성우 | **편집부장** 이정은 | **책임편집** 조유진 | **편집** 박고은 | **디자인** 권영은·김연서
마케팅 이송희·한유리·이민재 | **관리** 최우리·김정선·정원경·홍보람·조영행·김지혜
펴낸곳 도서출판 풀빛 | **등록** 1979년 3월 6일 제2021-000055호 | **제조국** 대한민국 | **사용연령** 8세 이상
주소 서울특별시 강서구 양천로 583 우림블루나인 A동 21층 2110호
전화 02-363-5995(영업) 02-362-8900(편집) | **팩스** 070-4275-0445
전자우편 kids@pulbit.co.kr | **홈페이지** www.pulbit.co.kr
블로그 blog.naver.com/pulbitbooks | **인스타그램** instagram.com/pulbitkids

ISBN 979-11-6172-556-7 74900 | 979-11-6172-555-0(세트)

A QUESTION OF HISTORY: WHAT HAPPENED TO THE PHARAOH'S BRAIN?
Text by Tim Cooke Illustrations by Matt Lilly
First published in Great Britain in 2021 by Wayland
Copyright © Hodder & Stoughton Limited, 2021
Korean edition copyright © Pulbit Publishing Company, 2023 All rights reserved.
This Korean edition published by arrangement with Hodder & Stoughton Limited, on behalf of Wayland, a part of Hachette Children's Group, through Shinwon Agency Co., Seoul.

사진 출처:
Alamy: Ancient Art & Architecture 27tr; Azoor Photo 24t; Pan Chaoyue/Xinhua 11tl; Chris Deeney 7tl; Eye Ubiquitous 6b; Granger Historical Picture Agency 12bl, 13tc,18l, 23c, 29t; Peter Horee 28t; Interfoto 26t; KGPA Ltd 21b; Prisma Archivo 15b; Science History Images 17t; The Print Collector 13tr. Dreamstime: Kguzel 15tl. Shutterstock: Juan Aunion 9tr, 19t; Baibaz 22bl; Gurgen Bakkhshetyan 11tc; Zhang Baohuan 11tr; Blue Ice 13br; Nick Brundle 20b; Cholpan 4b; Claudio Divizia 13bl; Dunhill 25b; Khaled ElAdawy 7r; Zbigniew Guzowski 20t; Anton Ivanov 8-9c; jenni.ir 17b; Jsp 22cr; Leshiy985 5b; Dario Lo Presti 13cr; Love Lego 14b; Maeadv front cover, 1, 4t; Jaroslav Moravcik 21t; Morphart Creation 16t; Mountainpix 24b, 27cl; Mountains Hunter 8l; Yakov Oskanov 29b; Scott Rothstein 15c; Jose Ignacio Soto 13c; Lisa Strachan 18r; Punnawit Suwattananun 10br; Eric Valenne/geostory 10bl.

이 책의 한국어판 저작권은 신원 에이전시를 통한 저작권사와의 독점 계약으로 도서출판 풀빛에 있습니다. 저작권법에 의해 한국 내에서 보호를 받는 저작물이므로 무단전재와 무단복제를 금합니다.

*책값은 뒤표지에 표시되어 있습니다.
*종이에 베이거나 긁히지 않도록 조심하세요. 책 모서리가 날카로우니 던지거나 떨어뜨리지 마세요.
*파본이나 잘못된 책은 구입하신 곳에서 바꿔 드립니다.

차례

4-5
고대 이집트 사람들은 어디서 어떻게 살았을까?

6-7
왜 홍수가 나게 해 달라고 빌었을까?

8-9
고대 이집트 파라오 가운데 여자도 있었을까?

10-11
초기 피라미드 가운데 와르르 무너진 것도 있다고?

12-13
고대 이집트에서는 왜 고양이를 숭배했을까?

14-15
세상에! 파라오의 뇌를 꺼냈다고?

16-17
쿠푸의 피라미드는 거대한 함정이었을까?

18-19
오래된 돌 하나로 어떻게 고대 이집트의 비밀을 밝혔을까?

20-21
투탕카멘은 정말 달리는 마차에서 떨어져 죽었을까?

22-23
고대 이집트 사람들은 왜 이가 안 좋았을까?

24-25
네페르티티는 무엇으로 아이라인을 그렸을까?

26-27
클레오파트라는 왜 몸을 카펫으로 돌돌 감쌌을까?

28-29
궁금해요, 궁금해!

30-31
세계사 연표

32
용어

고대 이집트 사람들은 어디서 어떻게 살았을까?

알고 있는 고대 문명을 하나 말해 보세요. 혹시 고대 이집트라고 말하지는 않았나요? 이집트의 피라미드, 파라오, 미라를 처음 듣는 사람은 아마 없을 거예요.

수천 년의 이집트 역사

고대 이집트는 기원전 3150년에 시작해 기원전 30년, 로마 제국이 이집트를 정복할 때까지 유지되었어요. 사실 고대 이집트 문명은 기원전 6000년부터 이어져 왔지만, 이집트에 하나의 통일 국가가 세워진 기원전 3150년 무렵부터를 흔히 고대 이집트라고 불러요.

맞아요, 고대 이집트 역사는 수천 년이 넘어요!

'나르메르 팔레트'예요. 상이집트와 하이집트가 기원전 3150년쯤에 하나의 통일 국가를 이뤘다는 사실(5쪽 참고)을 알 수 있는 중요한 자료예요.

고대 이집트의 역사는 크게 세 시대, 바로 **고왕국**, **중왕국**, **신왕국**으로 나뉘어요. 이때 이집트는 꽤 안정적이었지요. 각 시대 사이에는 통치자들이 권력을 잡기 위해 경쟁했던 중간기가 있었어요. 그리고 신왕국 이후의 중간기 다음에는 고대 그리스의 영향을 받았던 시대도 있었답니다.

좁지만 긴 나라

잘 모르는 또 다른 사실은 이집트의 독특한 땅 모양이에요. 이집트 사람들은 대부분 나일강의 계곡을 따라 살았어요. 다시 말해, 이집트의 땅은 폭이 16킬로미터밖에 되지 않았다는 거예요. 하지만 길이는 거의 1,450킬로미터나 되었지요! 동쪽과 서쪽으로는 메마른 사막이 펼쳐져 있어요.

통일 전에는 두 개의 지역으로 왕국을 구분했어요. 나일강 남쪽으로 좁은 계곡이 있는 지역은 상이집트, 나일강이 여러 갈래로 갈라지면서 부채꼴 모양의 삼각주로 흘러 나가는 북쪽 지역은 하이집트라고 했지요. 두 왕국은 기원전 3150년쯤 통일됐어요.

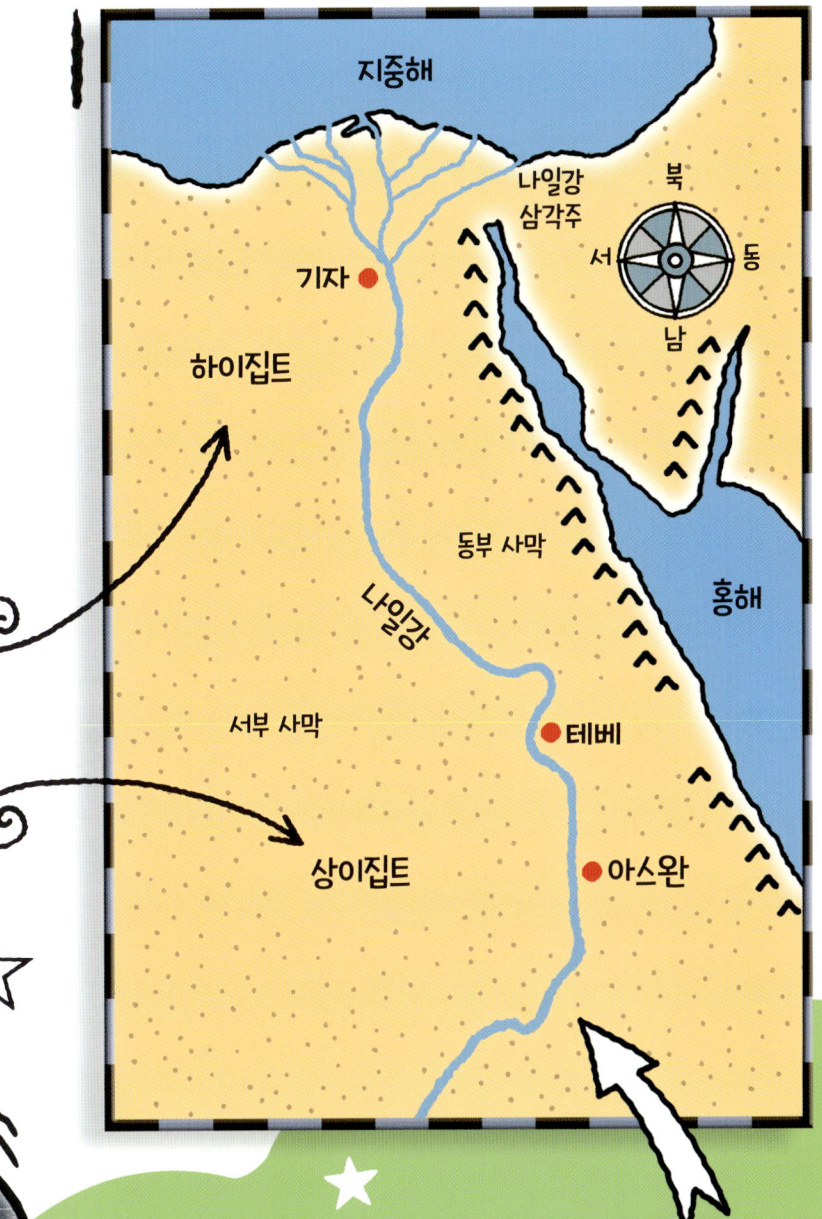

생명을 주는 나일강

고대 이집트 사람들은 나일강을 중심으로 생활했어요. 강물을 이용해 농작물을 기르고, 강줄기를 따라 배를 타고 오갔어요. 강에서 물고기를 잡아먹고, 갈대로 파피루스 종이를 만들고, 근처에 사원과 피라미드를 만들었지요. 그리고…

진흙으로 벽돌을 만들었어요!

고대 이집트 사람들은 나일강 없이 살 수 없었어요. 그럼 이제 나일강 이야기부터 시작해 볼까요?

왜 홍수가 나게 해 달라고 빌었을까?

사람들은 대부분 홍수를 싫어해요. 모든 게 젖어서 축축해지니까요. 하지만 고대 이집트 사람들은 달랐어요! 나일강이 넘쳐흐르면 무척 기뻐했지요. 운 좋게도, 이런 일은 해마다 몇 달씩 일어났어요.

검은 땅? 붉은 땅?

고대 이집트에서는 자연환경에 따라 땅을 검은 땅과 붉은 땅으로 나누었어요. 나일강 삼각주와 계곡을 검은 땅, 또는 '케메트'라고 했어요. 이쪽 흙은 검었고, 농작물을 기를 때 필요한 영양분이 가득 차 있었지요. 나일강 계곡의 동쪽과 서쪽 사막은 붉은 땅이라고 했어요. 황량한 사막이라 광부들만 광물을 캐려고 갔지요. 붉은 땅이 있어서 이웃 나라들이 이집트를 함부로 쳐들어오지 못했어요.

홍수가 끝나면 농부들은 농사를 짓는 데 필요한 물을 농경지로 보내는 관개 수로를 만들어, 농작물에 물을 주었어요. 홍수가 지나간 자리에는 아프리카 중심부에서 나일강을 타고 내려온 풍부하고 질 좋은 진흙이 쌓여 있었지요. 이 진흙은 땅에 영양분을 주었고, 농부들은 이 땅에 보리와 엠머밀을 길러 식량으로 사용했어요. 그리고 '아마'라는 식물도 길러서 기름을 짜고 옷 만드는 재료로 사용했어요.

관개 수로

"더 많은 공물을 바쳐라!"

하피

하피를 행복하게

하피는 나일강의 신이자 비옥한 땅의 신이에요. 고대 이집트 사람들은 하피에게 먹을 것과 마실 것을 바치면서 나일강이 적절한 때에, 적당한 양으로 범람하게 해 달라고 빌었어요.

고대 이집트 사람들은 하피를 만족시켜야 했어요!

고대 이집트에는 농사지을 땅이 부족했어요. 하지만 풍요로운 나일강 계곡에서 자란 농작물 덕분에 많은 사람이 먹고살 수 있었지요.

나일강 수위 측정

고대 이집트 사람들은 나일강의 범람 수위를 측정하기 위해 '나일로미터', 다시 말해 커다란 '구멍'을 이용했어요.

나일로미터는 나일강 옆에 우물처럼 구멍을 파고, 그 벽에 눈금을 표시해서 강물의 깊이를 알 수 있도록 만든 건축물이에요. 몇몇 나일로미터 안에는 강물의 수위를 측정하기 위한 돌계단이 있었어요.

"우리 진짜로 물에 잠겼나 봐!"

이집트 카이로에 있는 나일로미터 속 돌계단

고대 이집트 파라오 가운데 여자도 있었을까?

핫셉수트는 대략 기원전 1473년부터 1458년까지 이집트를 다스렸어요. 파라오 조각상이 전부 그렇듯이, 핫셉수트도 근육질의 단단한 몸에 무릎까지 내려오는 치마인 킬트를 입고 있었어요. 그리고 왕관도 쓰고, 가짜 턱수염도 붙이고 있었지요. 그렇지만 사실…

★ **핫셉수트는 여자였어요!**

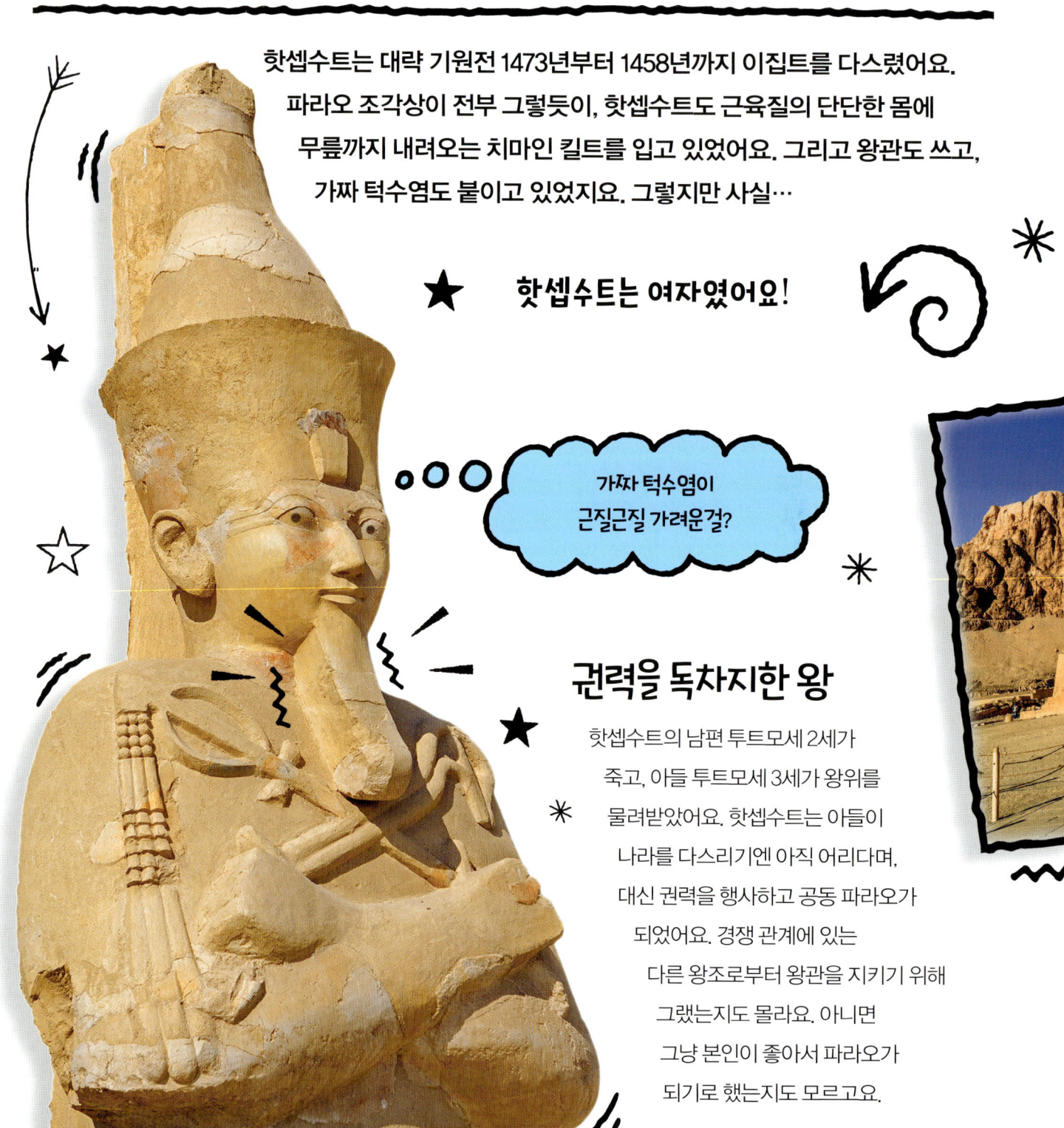

가짜 턱수염이 근질근질 가려운걸?

권력을 독차지한 왕

핫셉수트의 남편 투트모세 2세가 죽고, 아들 투트모세 3세가 왕위를 물려받았어요. 핫셉수트는 아들이 나라를 다스리기엔 아직 어리다며, 대신 권력을 행사하고 공동 파라오가 되었어요. 경쟁 관계에 있는 다른 왕조로부터 왕관을 지키기 위해 그랬는지도 몰라요. 아니면 그냥 본인이 좋아서 파라오가 되기로 했는지도 모르고요.

내가 여자로 보이니?

핫셉수트는 이집트 사람들이 여성 통치자를 달가워하지 않을 거라고 생각했어요. 이전 3천여 년 동안 여성 통치자는 메르네이트와 소베크네페루, 두 명뿐이었지요. 게다가 메르네이트는 정말로 존재한 사람이었는지 확실하지도 않았어요!

핫셉수트는 '아몬 레' 신이 자신을 통치자로 선택했다고 이집트에 널리 퍼트렸어요. 그러면서 화가와 조각가들에게 자신의 조각상을 남자처럼 보이게 만들라고 지시했지요. 그래도 일부 조각상은 여전히 여자처럼 보이기도 해요.

핫셉수트, 파라오가 되어라!

네, 명령을 받들겠습니다.

위대한 건설자

핫셉수트가 아들의 왕위를 빼앗았는데도 별문제 없이 넘어갈 수 있었던 이유는 간단해요. 아주 **훌륭한 통치자**였거든요. 핫셉수트는 자신의 업적을 기념하기 위해 당시 수도였던 테베 주변에 웅장한 건축물을 많이 지었어요.

데이르 엘 바하리 지역에 있는 핫셉수트 신전은 대표적인 이집트 건축물이에요.

세계 질서와 균형 유지

파라오는 이집트에 없어서는 안 되는 절대 권력자였어요. 이집트의 땅을 전부 소유했고, 군대를 지휘했으며, 재정과 법률을 관리했어요. 무엇보다 '마트'라고 하는 우주의 진리와 정의, 조화 같은 것을 지키고 따랐지요.

파라오라는 말은 '거대한 집'을 뜻해요. 원래는 왕궁을 의미하다가 점차 왕과 같은 뜻을 지니게 되었지요. 파라오는 보통 제1왕조, 제2왕조 등의 각 왕조에 따라 묶는데, 한 왕조의 통치자들은 전부 같은 가문에서 나왔어요.

초기 피라미드 가운데 와르르 무너진 것도 있다고?

돌덩어리로 피라미드를 어떻게 쌓는지 알고 있나요? 밑면은 정사각형으로 만들고, 네 개의 옆면은 세모꼴이 되도록 돌을 쌓아 올려 꼭대기의 한 점에서 만나게 하면 돼요. 이렇게 만드는 건 어려울까요?

네, 보기보다 꽤 어려워요!

잘못된 경우
밑면이 정사각형이 아닐 때 = 피라미드가 흔들려요.
옆면이 너무 가파를 때 = 피라미드가 너무 높아져요.
옆면이 너무 완만할 때 = 피라미드가 너무 낮아져요.
돌덩어리들이 너무 무거울 때 = 피라미드가 무너져요!

조세르 무덤

최초의 피라미드는 기원전 2650년쯤에 지어졌어요. 지하에 묘실이 있는 파라오 조세르의 무덤이지요. 처음에는 '마스타바'라는 전통 방식의 벽돌무덤으로 지었어요. 그러다가 위로 올라갈수록 작아지는 사각형 계단을 다섯 개 더 쌓았지요. 조세르 무덤의 높이는 62.5미터나 돼요. 조세르는 피라미드로 하늘로 올라가는 계단을 만들고 싶었는지도 몰라요. 아니면 그냥 으스대고 싶었는지도 모르지요!

파라오 조세르

세 번만에 성공!

몇십 년 뒤 고대 이집트 제4왕조의 첫 파라오가 된 스네프루는
자신도 품위 있는 건축물을 하나 가져야겠다고 마음먹었어요. 그런데…

한 개가 아니라 무려 세 개의 피라미드를 짓게 되었어요!

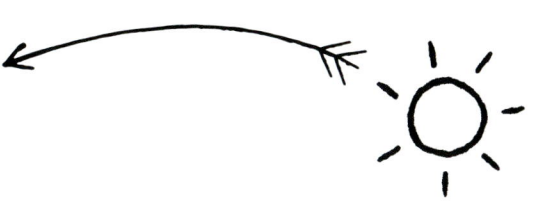

무너진 피라미드

메이둠 마을에 있는 첫 번째 피라미드는 원래 조세르 무덤과 같은 계단식이었어요. 그러다 네 개의 옆면 계단을 메워 사각뿔 피라미드를 짓기로 했지요. 생각은 좋았지만, 결과가 좋지 않았어요. 옆면이 무너져 내렸거든요.

구부러진 피라미드

스네프루는 다시 피라미드를 지었어요. 하지만 이번에는 옆면이 너무 가팔랐어요. 그래서 건축가들은 공사 중간에 옆면 각도를 완만하게 바꿔야 했어요. 그래서 이것을 구부러진 피라미드라고 불러요.

붉은 피라미드

이번엔 스네프루가 붉은 피라미드를 지었어요. 네 개의 옆면을 매끄럽게 만드는 데 처음으로 성공한 피라미드였지요. 원래는 하얀 석회가 발라져 있었지만, 오늘날에는 석회가 벗겨져 붉게 보이기 때문에 붉은 피라미드로 불려요.

붉은 피라미드와 관련해 풀리지 않는 미스터리 하나가 있어요.
그 안에서 스네프루의 묘실을 발견한 사람이 아무도 없다는 거예요. 기껏 피라미드를
다 지어 놓았는데, 스네프루는 다른 평범한 무덤에 묻힌 걸까요?

못 찾겠다!

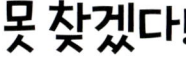

✷ 피라미드 건축

고대 이집트에서만 피라미드를 만든 게 아니에요. 서아시아의 바빌로니아, 아프리카의 쿠시, 아메리카의 마야와 아스테카에서도 피라미드를 만들었어요. 고대 사람들은 왜 피라미드를 높이 쌓았을까요? 신들이 하늘 높은 곳에 산다고 믿어서 그랬을 거예요.

고대 이집트에서는 왜 고양이를 숭배했을까?

반려동물을 키우고 있나요? 그 동물이 뱀이나 거미일지라도, 좋아하기 때문에 키우는 거겠지요? 숭배해서 키우는 게 아니라요. 오늘날에는 동물을 숭배하지 않으니까요.

하지만 고대 이집트 사람들은 동물을 숭배했어요.

우아한 바스테트

이집트에서는 동물을, 적어도 동물의 머리를 한 인간을 자신들의 신이라고 생각했어요. 그 가운데 고양이 신, 바스테트가 가장 인기 있었지요.

이집트 사람들은 바스테트가 하이집트를 보호한다고 믿었어요. 태양을 도와 농작물이 잘 여물게 한다고도 믿었지요.

행운의 고양이

이집트에서는 고양이가 행운을 가져다준다고 믿었어요. 고양이가 죽으면 주인은 애도의 표시로 자신의 눈썹을 밀었어요. 여유가 되는 주인은 고양이가 사후 세계에서도 잘 살 수 있도록 고양이를 미라로 만들었지요.

맞아요, 제대로 읽었어요. 죽은 고양이를 잘 보존하기 위해 몸을 바짝 말린 다음(14-15쪽 참고), 리넨으로 싸서 고양이 공동묘지에 묻었어요. 그 외에 개, 원숭이, 새와 같은 반려동물들도 미라로 만들었지요.

아, 악어도 있었어요.

잠깐! 악어도 미라로 만들었다고?

고양이 도시

고대 이집트의 부바스티스라는 도시에 바스테트 신전이 있었어요. 고양이 미라가 30만 개 이상 묻혀 있었지요. 그곳에서 많은 고양이들을 바스테트 앞에 제물로 바치기도 했어요.

부바스티스에서는 해마다 바스테트를 위한 축제가 열렸어요. 70만 명이나 되는 숭배자들이 제물을 바치고 먹고 마시기 위해 몰려왔어요. 특히, 술을 마시려고요!

고양이를 위하여, 딸꾹!

최고의 신들

이집트에서는 동물 신을 많이 모셨어요. 중요한 신들을 잠깐 소개할게요.

세크메트(사자) — 전쟁의 여신

호루스(매) — 왕권과 하늘의 신

아누비스(자칼) — 죽은 자의 신

세베크(악어) — 나일강의 신

세상에! 파라오의 뇌를 꺼냈다고?

16세기부터 이집트에서는 미라가 넘쳐 났어요. 그래서 미라를 갈아 '미라빛 갈색'이라는 인기 있는 물감을 만들기도 했지요.

진짜예요!

물감 때문에 미라를 만든 건 아니었어요! 고대 이집트에서는 사후 세계를 믿었기 때문에 죽은 이의 몸을 되도록 좋은 상태로 유지하려고 사람이나 동물을 미라로 만들었어요.

미라 만드는 법

미라는 오랜 과정을 거쳐 만들어지기 때문에 시간이 넉넉히 필요해요. 그리고 비위도 좋아야 하지요.
(이걸 따라 하는 친구는 없겠지요? 절대 하지 마세요!)

① 죽은 이의 몸을 씻어요.

② 몸을 가른 뒤 허파와 간, 위, 창자 등 장기를 꺼내 한쪽에 둬요. 심장은 나중에 필요하니 몸 안에 그대로 남겨 둬요.

도구들

③ 갈고리를 콧구멍 안으로 밀어 넣은 다음, 빙빙 돌려 뇌를 으깨요. 그다음 조각난 뇌를 콧구멍 밖으로 꺼내요!

④ 몸 안에 짚이나 풀, 마른 진흙을 채워 넣어 모양을 잡아요. 그리고 부패를 방지하는 소금에 몸 전체와 장기를 담아요. 이렇게 40일 동안 두어 바짝 말려요.

⑤ 장기를 보관하는 항아리인 카노푸스 단지에 장기들을 하나씩 넣어요.

뭐가 담겼니? | 간! | 허파! | 웩!

⑥ 미라가 사후 세계를 볼 수 있도록 유리 눈을 넣어요.

⑦ 리넨 붕대로 온몸을 감아요. 악한 것으로부터 죽은 이를 보호하기 위해 붕대 사이에 부적을 끼워 넣어요.

붕대

앵크 십자 부적

풍뎅이 부적

다들 알겠지만, 나는 대단한 사람이었어!

⑧ 시신을 관에 넣어요.

고대 이집트 사람들은 대부분 형편이 안 돼, 죽어도 미라가 될 수 없었어요. 미라를 만들려면 많은 돈이 필요했거든요. 노예와 일꾼들은 죽으면 그냥 구덩이에 던져졌지요.

어디가 낙원이지?

미라는 대부분 마스타바라는 벽돌무덤에 묻혀 있었어요. 이 무덤에는 때때로 주문이 쓰여 있거나 두루마리가 들어 있었지요. 두루마리에는 사후 세계로 가는 길이 그려져 있었어요. 죽은 사람이 어디로 가야 하는지 잊어버리거나 헷갈릴 때를 대비한 것이지요.

심장의 무게

심장은 미라의 몸 안에 남겨 두었어요.
사후 세계로 가는 길에 저울로 무게를 재야 했거든요.

심장이 깃털보다 가볍다면, 아주 좋아요!
좋은 삶을 살았으니 바로 낙원으로 갈 거예요!
하지만 심장이 깃털보다 무겁다면
지하 세계에서 끝없는 고통을 겪어야 할 거예요.

죽음과 부활의 신 오시리스가 심장의 무게를 재는 의식을 치렀어요.

15

쿠푸의 피라미드는 거대한 함정이었을까?

쿠푸는 아주 욕심 많은 파라오였어요. 기자에 세워진 쿠푸의 피라미드는 그저 이집트에서 가장 높은 피라미드가 아니었어요. 무려 3,800여 년 동안 전 세계에서 가장 높은 건축물이었답니다!

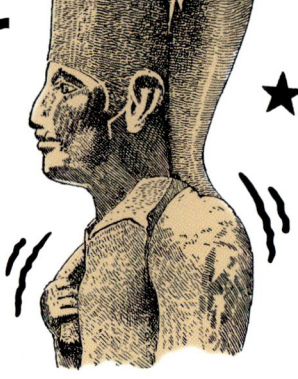

파라오 쿠푸

쿠푸는 사람들에게 오래 기억되기를 바라면서도 아무에게도 방해받고 싶지 않았어요. 그리하여 함정이 이곳저곳에 있는 쿠푸의 피라미드가 탄생했지요. 당시 많은 고대 이집트 무덤이 도굴꾼에게 털렸어요. 죽은 사람의 몸을 땅에 묻을 때 사후 세계에서 필요할 거라며 귀중품을 같이 넣어 주는 관습이 있었거든요.

감춰진 무덤

당시 건축가들은 쿠푸의 피라미드를 누구도 쉽게 침입하지 못하도록 만들었어요.

① 숨겨진 입구를 통해 좁은 통로로 내려가요. 통로는 피라미드 아래의 단단한 땅 밑으로 계속 이어져 있어요.

② 시신이 안치된 무덤방인 묘실에 도착해요. 하지만 이건 함정이에요. 진짜 묘실로 가려면 위로 올라가야 해요. 위로 올라가는 통로의 입구는 ①에서 아래로 내려가는 통로의 천장에 숨겨져 있어요.

④ ③으로 가지 않고 계속 올라가면, 마침내 통로가 평탄해지면서 진짜 쿠푸의 묘실이 나와요.

③ 통로를 비스듬히 올라가다 중간에 평탄한 길로 가면 또 엉뚱한 묘실로 빠지게끔 되어 있어요.

★ 묘실이 텅 비었어!

쿠푸는 어디에?

쿠푸의 묘실은 입구를 막기 위해 위에서 미끄러져 내려온 돌들로 보호되어 있었어요.

이 돌들은 무덤에 침입한 도굴꾼을 가두기 위한 건가요?

아마 아닐 거예요. 하지만 앞으로도 그 이유는 절대 알 수 없을 거예요. 돌들이 사라졌거든요.

쿠푸도 사라졌고요!

쿠푸 묘실에는 깨진 석관만 남아 있었어요. 그 외에는 아무것도 없었지요. 무덤이 도둑맞았기 때문이라고 전해지고 있어요.

9세기에 어느 이슬람 통치자가 쿠푸의 피라미드에 들어가 엄청난 양의 금을 발견했다는 이야기가 있어요.

피라미드 탐사 로봇

230만 개의 돌덩어리로 이루어진 쿠푸의 피라미드에는 비밀스러운 공간이 많아요! 아주 좁은 통로들은 실내의 탁한 공기를 내보내기 위해 만들어졌을 거예요. 그런데 문이 닫힌 통로도 있어요. 아직 발견되지 않은 방들이 이곳에 더 있지 않을까요? 유물과 유적을 연구하는 고고학자들은 요즘에 탐사 로봇으로 피라미드를 조사하고 있어요. 아직도 살펴봐야 할 피라미드가 엄청나게 많답니다.

오래된 돌 하나로 어떻게 고대 이집트의 비밀을 밝혔을까?

고대 이집트의 기념물들은 돌로 조각되거나 벽에 그려진 그림 문자로 덮여 있어요. 하지만 수 세기 동안, 이게 무엇을 뜻하는지 아는 사람은 아무도 없었어요.

매우 답답했지요!

신성한 기호

이러한 고대 이집트의 그림 문자, 즉 상형 문자를 신성 문자라고 해요. 신성 문자는 그리스어로 '성스러운 글자'라는 뜻이지요. 종교적인 목적으로 사용되었거든요. 이집트에서 공식적으로 문자를 기록하는 필경사들은 약 700개의 신성 문자를 알아야 했어요.

필경사

고대 이집트 사람들 대부분은 신성 문자를 읽거나 쓸 수 없었어요. 심지어 파라오도 그랬답니다.

중요한 발견

1799년, 나폴레옹이 이끄는 프랑스 군대가 이집트를 침략했어요. 군인들이 로제타 마을에서 요새를 짓는 동안, 프랑스 군인 한 명이 땅에 묻혀 있던 비석 조각을 발견했어요. 그 돌에는 세 가지의 서로 다른 문자가 새겨져 있었지요.

어? 이게 뭐지?

그 가운데 하나가 신성 문자였어요. 다른 하나는 신성 문자를 간략하게 만든 이집트 민중 문자였지요. 신성 문자로 글을 쓰면 시간이 오래 걸렸거든요. 마지막 하나는 고대 그리스 문자였고요.

로제타석으로 알려진 이 비석은 고대 이집트 문자의 비밀을 푸는 열쇠였어요. 같은 내용이 세 가지 문자로 새겨져 있었거든요. 고대 그리스 문자를 읽을 수 있는 사람들은 많았어요. 그래서 로제타석 발견은 큰 행운이었지요.

신성 문자

이집트 민중 문자

고대 그리스 문자

문자 해독

영국의 고고학자 토머스 영과 프랑스의 이집트 학자 장 프랑수아 샹폴리옹은 세 가지 문자를 몇 년 동안 비교했어요. 마침내 샹폴리옹이 실마리를 찾았지요. 일부 신성 문자가 단어를 나타내는 동시에, 단어의 일부로서 소리를 나타낼 수도 있다는 사실을 밝힌 거예요.

문자 해독은 까다롭고 복잡한 일이었지만, 이 세 가지 문자는 학자들에게 꼭 필요한 단서였어요. 학자들은 신성 문자를 하나씩 해독하기 시작했어요. 그러면서 고대 이집트의 비밀을 좀 더 알아냈지요.

필기하는 필경사

필경사는 아버지에서 아들로 대물림을 받을 정도로 중요한 직업이었어요. 남자아이들은 4-5년 동안 특별 학교에 다니면서 신성 문자를 배웠어요. 그리고 신성 문자의 흘림체인 신관 문자도 배워 더 빠른 속도로 문자를 쓸 수 있었지요. 필경사를 준비하는 남자아이들은 문자를 제대로 쓸 수 있을 때까지 돌이나 파피루스에 연습했어요.

투탕카멘은 정말 달리는 마차에서 떨어져 죽었을까?

투탕카멘이 그리 대단한 파라오는 아니었어요. 여덟아홉 살에 왕위에 올라 약 10년 동안 이집트를 다스리다 열여덟 살 정도의 젊은 나이에 죽었지요. 사실 투탕카멘이 유명해진 이유는 그의 죽음과 관련된 여러 사건 때문이에요!

세계적으로 유명한 미라

투탕카멘이 묻힌 무덤은 3,200년 이상 숨겨져 있었어요. 그러다 1922년 11월, 영국의 고고학자 하워드 카터가 이집트 왕가의 계곡에서 그의 무덤을 발견했지요.

투탕카멘은 하룻밤 사이에 세계에서 가장 유명한 고대 이집트 사람이 되었어요.

투탕카멘은 석관 안에 있는 세 겹으로 이루어진 관 속에 누워 있었어요. 가장 안쪽 관은 순금으로 만들어졌지요.

보물이 가득한 무덤

소년 왕 투탕카멘은 수많은 소장품과 함께 묻혔어요. 5,398점의 유물을 분류하고 기록하는 데만 10년이 걸렸지요. 트럼펫 두 개, 마차 네 대, 술 항아리 스물여섯 개, 모형 배 서른다섯 개, 꽃병 여든 개를 비롯해 많은 물건이 있었어요!

왕실의 머리 장식을 한 투탕카멘의
황금 가면이 미라의 얼굴을 덮고 있었어요.

투탕카멘 과학 수사대

모두가 궁금해하는 것이 있어요.

투탕카멘은 왜 그렇게 일찍 죽었을까요?

투탕카멘의 뼈를 분석해 보면, 투탕카멘이 여러 질병으로 고생했다는 사실을 알 수 있어요. 가슴과 다리에 난 상처는 투탕카멘이 무언가와 충돌해 사망했다는 걸 짐작하게 하지요. 어쩌면 달리는 마차에서 떨어졌거나, 하마에게 공격당했을지도 몰라요.

도와줘!

파라오의 저주

무덤을 연 자들이여, 조심하는 게 좋을 거야!

고대 이집트 무덤이 엄청난 주술의 힘에 의해 보호받고 있다는 주장이 있어요. 투탕카멘의 무덤이 열리고 나서 4개월 뒤, 발굴 작업에 돈을 댄 남자가 모기에 물려 죽고 만 거예요. 그 뒤로도 몇몇 사람들이 죽었어요. 이 사건을 두고 발굴 작업에 참여한 사람들이 저주에 걸렸다는 이야기가 퍼졌답니다.

투탕카멘이 누군가로부터 머리를 세게 맞아 죽임을 당했다는 이야기도 있어요. 유력한 용의자는 수석 신관(성직자)인 '아이'예요. 아이는 투탕카멘이 어렸을 때 투탕카멘을 대신해서 이집트를 다스렸어요. 투탕카멘이 죽은 뒤에는 스스로 왕좌에 올랐고요.

아무래도 수상해요!

고대 이집트 사람들은 왜 이가 안 좋았을까?

고대 이집트 사람들은 죽은 이의 몸을 미라로 만들어 죽은 뒤에도 가장 좋은 모습으로 보이도록 했어요. 문제는 이 상태만큼은 모두 끔찍했다는 것이지요.

고대 이집트 사람들은 이가 대부분 부러지거나 완전히 닳아서 없었어요. 이래서 세계 최초의 치과 의사가 이집트에서 나왔나 봐요. 고대 이집트 사람들은 이가 **아주 많이** 아팠을 거예요.

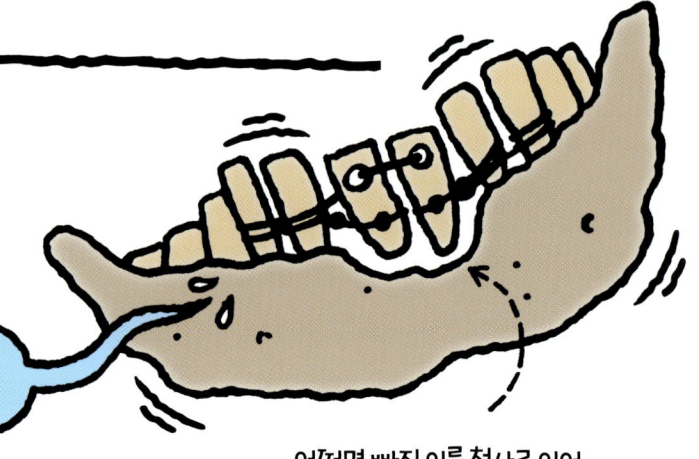

어쩌면 빠진 이를 철사로 이어, 다시 잇몸에 달았을지도 몰라요. 아얏!

들쑥날쑥!

진짜 모래를 씹었다고?

고대 이집트 사람들의 이가 안 좋은 이유는 바로 식사, 특히 **빵** 때문이었어요. 이집트에서는 끼니마다 납작한 보리빵을 먹었어요. 빵에는 보리를 갈 때 사용한 돌 때문에 돌가루와 모래가 가득했어요. 당연히 돌가루와 모래는 입안에서 녹지 않고…

이를 닳게 했지요!

이를 부러트리고 닳게 한 건 빵만이 아니었어요. 꿀에 절인 대추야자도 이를 썩게 했지요.

무엇을 먹었나요?

빵 말고 나일강에서 잡은 농어도 많이 먹었어요. 닭이나 오리 등의 가금류와 양과 염소 같은 고기는 부유한 사람만 양껏 먹을 수 있었지요. 소고기는 아주 귀했어요. 얼마나 많은 소를 갖고 있느냐에 따라 재산을 측정할 정도였으니까요. 그리고 생선과 고기는 소금으로 완전히 덮어 보관했답니다.

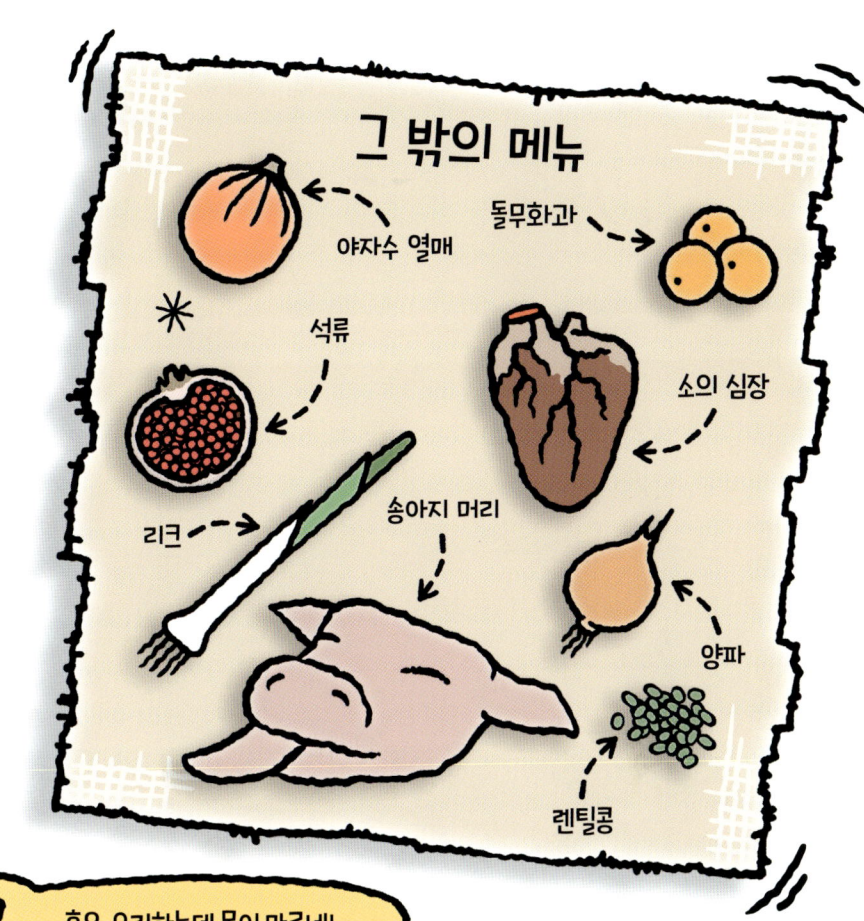

그 밖의 메뉴
- 야자수 열매
- 돌무화과
- 석류
- 소의 심장
- 리크
- 송아지 머리
- 양파
- 렌틸콩

부엌은 너무 더워 요리하기 힘들었어요. 그래서 주로 밖에다 불을 크게 피워 음식을 만들었지요.

후유, 요리하는데 목이 마르네!

무엇을 마셨나요?

고대 이집트에서는 포도주와 맥주를 마셨어요. 보리로 만든 빵 덩어리를 으깨서 맥주를 만들었어요. 너무 걸쭉해서 맥주가 수프처럼 보였지요. 그래서 체에 걸러 마셔야 했어요. 꺼억!

요란한 파티!

고대 이집트의 부자들은 근사하고 요란한 파티를 열었어요. 춤추는 여성과 곡예사, 악사들을 모두 불러 모았지요. 중요한 손님들은 낮은 소파에 누워 있었고, 다른 손님들은 바닥에 앉아 파티를 즐겼어요. 음식은 전부 손으로 먹었고, 음식이 새로 나올 때마다 손을 씻었답니다.

네페르티티는 무엇으로 아이라인을 그렸을까?

고대 이집트의 이름난 여왕 네페르티티의 조각상을 보면 눈 주위에 두꺼운 아이라인이 그려져 있어요. 사실 고대 이집트 사람의 조각상이나 그림들을 살펴보면, 눈이 죄다 검은색으로 크고 선명하게 그려져 있답니다.

아이라인의 비밀!

고대 이집트에서는 남자와 여자 모두 위쪽 눈꺼풀은 검은색 가루로, 아래쪽 눈꺼풀은 초록색 가루로 칠했어요. 이때 아이라인을 매의 모습을 한 신 호루스의 눈처럼 아몬드 모양으로 만들었지요. 이렇게 하면 주술이나 마법으로부터 자신을 지킬 수 있다고 믿었거든요.

화장하는 법

화장 가루는 광물의 한 종류인 콜(검은색)과 공작석(초록색)을 갈아서 만들었어요. 철광석으로는 붉은 가루를 만들었지요. 그리고 가루를 동물의 지방과 섞어 뺨과 입술에 문질렀어요.

알록달록 화려했어요.

멋져 보이는군!

편평한 석판에 광물을 갈아 화장 가루를 만들었어요. 광택이 나는 청동이나 구리를 거울로 삼아 자신의 모습을 보며 화장이 잘되었는지 확인했고요.

머리 위 장식의 비밀

앞에 등장한 고대 이집트 사람들의 모습을 떠올려 보세요.
머리 모양이 전부 똑같지 않았나요?

가발!

고대 이집트 부자들은 머리를 민 다음, 사람의 머리카락으로 만든 가발을 썼어요. 조금 여유가 있는 사람들은 머리를 민 다음 양털이나 풀로 만든 가발을 썼고, 가난한 사람들은 머리를 민 다음 그 머리카락을 부자들에게 팔았답니다.

아앗, 냄새!

가발은 실제 머리카락보다 바람이 잘 통하고 머릿니를 예방하는 효과가 있었어요. 가발을 닿아 밀랍으로 고정하기도 했지요. 특별한 날에는 동물의 지방이 담긴 고깔 모양 장식을 가발 위에 얹었어요. 지방이 조금씩 녹으면서 매력적인 향기를 내뿜었지요.

(흠, 사실 그리 매력적인 냄새가 아닐 수도 있어요.)

최신 유행 패션

고대 이집트는 날씨가 너무 더워서 옷을 가볍고 시원하게 만들었어요. 남자들은 무릎까지 오는 치마 킬트를 입고, 여자들은 폭이 좁은 긴 원피스를 입었지요. 옷은 아마라는 식물 껍질의 실로 짠 리넨으로 만들었고요.

클레오파트라는 왜 몸을 카펫으로 돌돌 감쌌을까?

고대 이집트 여왕 클레오파트라 7세는 대단한 미인으로 잘 알려져 있어요. 세계적으로 막강한 영향력을 가진 두 남자가 클레오파트라와 지독한 사랑에 빠졌지요.

뒤숭숭한 시대

클레오파트라는 300여 년 동안 고대 이집트를 통치한 프톨레마이오스 왕조 출신이었어요. 클레오파트라가 왕위에 오르던 당시 상황은 클레오파트라에게 좋지 않았어요. 로마 제국이 이집트의 땅을 빼앗고, 이집트에 기근이 들었거든요. 뿐만 아니라 클레오파트라는 남동생 프톨레마이오스 13세와 결혼하여 공동으로 왕위에 올랐지만, 자신의 자리를 위협받고 있었답니다.

강력한 협력자

클레오파트라는 자신을 도울 사람이 필요했어요. 마침 세계에서 가장 막강한 권력을 가진 사람이 기원전 48년에 이집트를 방문했어요. 그 남자는 바로 율리우스 카이사르, 로마의 통치자였지요. 클레오파트라는 남편 프톨레마이오스 13세 몰래 카이사르를 만나기로 했어요.

클레오파트라는 가장 좋은 옷을 입고서 자신의 몸을 카펫으로 돌돌 감쌌어요. 카펫은 카이사르의 방으로 옮겨져 확 펼쳐졌지요.

클레오파트라가 카펫 밖으로 도르르 굴러 나오자 카이사르는 펄쩍 뛸 듯이 놀랐어요. 진짜로 펄쩍 뛰었을지도 몰라요. 카이사르는 클레오파트라와 동맹을 맺어 클레오파트라에게 왕좌를 되찾아 주었을 뿐만 아니라, 클레오파트라를 동반자로 삼았어요. 두 사람은 나중에 아들 카이사리온을 낳았답니다.

계획 변경

기원전 44년, 클레오파트라는 카이사리온과 함께 로마를 방문했어요. 하지만 카이사르가 죽임을 당하자 둘은 도망치듯 로마를 떠나 이집트로 돌아와야 했지요!

이제 로마의 새로운 통치자 가운데 한 명인 마르쿠스 안토니우스가 이집트를 관리하게 되었어요. 클레오파트라는 안토니우스에게도 잊지 못할 첫인상을 심어 주기로 했어요. 이번에는 여신처럼 차려입고서 황금빛 배 위의 황금빛 차양 아래에서 안토니우스와 만났지요. 둘은 사랑에 빠졌고 결국 결혼했답니다.

클레오파트라(왼쪽)와 카이사리온(오른쪽)

마르쿠스 안토니우스의 얼굴이 새겨진 동전

행복하지 않은 결말!

그 뒤로 안토니우스와 클레오파트라는 이집트를 지키기 위해 로마 제국과 전쟁을 벌였어요.

하지만 크나큰 실수였지요.

안토니우스와 클레오파트라 연합군은 로마 제국에 패배했어요. 그다음 해인 기원전 30년, 안토니우스는 칼로 스스로를 찔렀고, 클레오파트라는 자신이 일부러 풀어 둔 독사에 물려 죽었지요. 이집트는 로마 제국의 일부가 되었고, 수천 년 이상 이어 온 고대 이집트 문명은 그렇게 끝이 났답니다.

궁금해요, 궁금해!

고대 이집트 여왕 클레오파트라에 대해 잘 알려지지 않은 사실은 뭘까요?

클레오파트라 7세는 사실 이집트 사람이 아니었어요. 이집트에서 태어나긴 했지만, 기원전 305년에 이집트를 차지한 프톨레마이오스 왕조의 후손이었지요. 프톨레마이오스 왕조는 당시 고대 그리스의 일부였던 마케도니아에서 온 왕조였어요. 프톨레마이오스 왕조는 고대 이집트 사람들이 자신들의 통치를 받아들일 수 있게, 파라오의 역할을 맡았답니다.

고대 이집트 노동자들도 파업을 했다고요?

피라미드나 사원은 짓는 데는 시간이 오래 걸려요. 그래서 수공업자와 건설 노동자들은 공사 현장 근처의 특별한 마을에서 살았어요. 이집트에서는 그들에게 일한 대가를 지불하며 먹을 것도 주었지요. 그런데 데이르 엘 메디나 지역의 노동자들이 배급 식량을 받지 못하는 일이 생기자, 하던 일을 멈추고 파업에 들어갔어요. 아마 세계 최초의 파업이었을 거예요. 노동자들은 자신들이 지은 사원 한곳에 앉아 배급 식량이 올 때까지 자리를 뜨지 않았다고 해요.

고대 이집트의 부자들은 무엇을 하면서 놀았나요?

고대 이집트의 부유한 사람들은 시간이 많았어요. 그래서 '세네트'나 '아세브' 같은 보드게임을 하며 시간을 보냈지요. 게임 참가자들은 손가락 마디뼈 모양의 말을 던졌는데, 이는 몇 칸 움직여야 하는지를 알려 주는 주사위 역할을 했어요. 게임은 재미뿐 아니라 교훈도 주었어요. 고대 이집트 사람들은 운에 의지하는 게임 과정을 통해 자신의 삶이 신에 의해 결정된다는 것을 다시 한번 깨달았지요.

스핑크스가 뭐예요?

고대 이집트에서는 사자의 몸에 엉뚱한 머리가 달린 조각상을 만들었어요. 숫양 또는 사람의 머리가 달려 있었지요. 이러한 상상 속의 동물을 스핑크스라고 해요. 이집트에서는 스핑크스가 인간을 보호해 준다고 여겼어요. 가장 유명한 스핑크스는 기자의 대스핑크스예요. 사자의 몸에 사람의 머리를 하고서 쿠푸의 피라미드를 지키고 있지요. 파라오 쿠푸가 자신의 얼굴을 이 스핑크스에 새겼을 거라는 이야기도 있답니다.

기자의 대스핑크스

세계사 연표

기원전

기원전 3500년 무렵
메소포타미아 문명 시작

기원전 3150년 무렵
상이집트와 하이집트의 통일

기원전 2600년 무렵
마야 문명 시작, 고대 그리스 문명 시작

기원전 2500년 무렵
인도 문명 시작, 중국 문명 시작

기원전 2333년
고조선 건국

기원전 1600년
상 왕조 성립

기원전 1046년
상 왕조 멸망

기원전 753년
고대 로마 건국

기원전 146년
고대 로마의 고대 그리스 지배

기원전 108년
고조선 멸망

기원전 57년
신라 건국

기원전 37년
고구려 건국

기원전 30년
고대 로마의 고대 이집트 지배

기원전 27년
로마 제국 시작

기원전 18년
백제 건국

기원후

375년
게르만족 대이동

395년
로마 제국, 동서 분열

476년
서로마 제국 멸망

610년
무함마드, 이슬람교 창시

668년
고구려 멸망

676년
신라, 삼국 통일

793년
바이킹 시대 시작

900년
베닌 왕국 건설
마야 고전기 종식

918년
고려 건국

1066년
바이킹 시대 종식

1096년~1270년
십자군 전쟁

1271년
원나라 건국

1337~1453년
영국·프랑스 백년 전쟁

1347년
유럽, 흑사병 유행

1368년
원나라 멸망, 명나라 건국

1392년
고려 멸망, 조선 건국

1453년
동로마 제국 멸망

1492년
콜럼버스, 아메리카 신대륙 발견

1590년
도요토미 히데요시,
일본 통일

1592년
임진왜란

1644년
명나라 멸망, 청나라 중국 통일

1760년 무렵
산업 혁명

1775~1783년
미국 독립 전쟁

1868년
일본, 메이지 유신

1896년
제1회 올림픽 대회 개최

1897년
대한 제국 수립
영국, 베닌 왕국 점령

1910년
한 · 일 병합

1914~1918년
제1차 세계 대전

1918년
스페인 독감 유행

1929~1933년
세계 대공황

1933년
독일, 나치당 정권 수립

1939~1945년
제2차 세계 대전

1945년
한국 8 · 15 광복
국제 연합(UN) 성립

1947~1991년
냉전 시대

1948년
대한민국 정부 수립

1949년
중화 인민 공화국(중국) 수립

1950~1953년
한국 전쟁

1960~1975년
베트남 전쟁

1969년
아폴로 11호 달 착륙

1980~1988년
이란 · 이라크 전쟁

1988년
서울 올림픽 대회 개최

1990년
독일 통일

1991년
남북한 UN 동시 가입

1997년
IMF 경제 위기

2001년
미국, 세계 무역 센터 테러 참사

2002년
한일 월드컵 대회 개최

2018년
평창 동계 올림픽 개최

2019년
코로나19 발생

2022년
러시아의 우크라이나 침공

용어

고고학자 (17쪽)
과거의 유물과 유적을 연구하는 사람

고대 (4쪽)
원시 시대와 중세 시대 사이의 시대

공물 (7쪽)
신 또는 어떤 대상에게 바치는 물건

기근 (26쪽)
흉년으로 먹을 양식이 모자라 굶주림

기원전 (4쪽)
예수가 태어난 해를 기준 '0'으로 삼았을 때 그 이전을 이르는 말

낙원 (15쪽)
아무런 괴로움과 슬픔 없이 즐겁게 살 수 있는 곳

도굴꾼 (16쪽)
불법적으로 무덤에 묻힌 물건을 파내는 사람

동맹 (27쪽)
두 나라가 서로를 돕기 위해 약속을 맺는 일

머릿니 (25쪽)
사람의 머리에 사는 작은 곤충

묘실 (10쪽)
시신이 안치된 무덤 속의 방

문명 (4쪽)
발전된 사회와 문화적 구조를 가진 사람들의 무리 또는 삶의 모습

미라 (12쪽)
썩지 않고 건조되어 원래 상태에 가까운 모습으로 보존된 사람이나 동물의 사체

밀랍 (25쪽)
꿀벌이 벌집을 만들기 위하여 분비하는 물질

범람 (7쪽)
큰물이 흘러넘치는 것

사후 세계 (12쪽)
죽은 사람들의 영혼이 살고 있다고 여겨지는 곳

삼각주 (5쪽)
강물이 바다로 흘러들어 가는 어귀에 모래나 흙이 쌓여 이루어진 삼각형 모양의 땅

석관 (17쪽)
돌로 만든 관

수위 (7쪽)
강, 바다 등 물의 높이

숭배 (12쪽)
어떤 대상을 우러러 공경하고 믿고 따르는 것

아마 (6쪽)
리넨 옷감을 짜기 위한 실을 뽑을 때 사용하는 식물

애도 (12쪽)
누군가 죽었을 때 슬픔을 표현하는 일

엠머밀 (6쪽)
밀 종류 중 하나

연합군 (27쪽)
두 나라 이상이 힘을 합쳐 만든 군대

왕조 (8쪽)
하나의 왕가가 다스리는 시대

재정 (9쪽)
돈에 관한 여러 가지 일

통치자 (4쪽)
나라 또는 지역을 맡아 다스리는 사람

파라오 (4쪽)
고대 이집트를 다스리는 사람

파업 (28쪽)
노동 조건 개선을 위해 노동자들이 단체로 작업을 중지하는 일